ÉGLISE MONUMENTALE

DE

SAINT-AMANT-DE-BOIXE

ÉTUDE

SANS PRÉFIXATION

SUR CET ÉDIFICE ARCHÉOLOGIQUE ET HISTORIQUE

PAR

M. BOUNICEAU-GESMON

MEMBRE DU CONSEIL GÉNÉRAL POUR LE CANTON DE SAINT-AMANT-DE-BOIXE
ET PRÉSIDENT DE LA COMMISSION DÉPARTEMENTALE

ANGOULÊME

IMPRIMERIE G. CHASSEIGNAC ET Cie

REMPART DESAIX, 36

M DCCC LXXIX

ÉGLISE MONUMENTALE

DE

SAINT-AMANT-DE-BOIXE

ÉTUDE

SANS PRÉTENTION

SUR CET ÉDIFICE ARCHÉOLOGIQUE ET HISTORIQUE

PAR

M. BOUNICEAU-GESMON

MEMBRE DU CONSEIL GÉNÉRAL POUR LE CANTON DE SAINT-AMANT-DE-BOIXE
ET PRÉSIDENT DE LA COMMISSION DÉPARTEMENTALE

ANGOULÊME

IMPRIMERIE G. CHASSEIGNAC ET Cie

REMPART DESAIX, 26

M DCCC LXXIX

ÉGLISE MONUMENTALE

DE

SAINT-AMANT-DE-BOIXE

SOCIÉTÉ ARCHÉOLOGIQUE ET HISTORIQUE
DE LA CHARENTE

SÉANCE DU MERCREDI 9 AVRIL 1879

PRÉSIDENCE DE M. J. CASTAIGNE

La parole est donnée à M. Bouniceau-Gesmon, qui s'exprime ainsi :

MESSIEURS,

Je viens vous entretenir d'un monument historique classé.

C'est sur l'église de Saint-Amant-de-Boixe que je voudrais appeler votre intérêt. Eh ! que l'on ne dise pas que je combats ici *pro aris et focis*, car, je le confesse à ma honte, ce n'est point à l'égal tout à fait du foyer domestique que je hante ce lieu saint.

Il n'est certes aucun de nous qui ne connaisse sinon de vue, tout au moins de réputation, l'église de Saint-Amant. Tous nos chroniqueurs angoumois, avant et depuis M. Quénot jusqu'à M. l'abbé Michon et autres, en ont fait ou tenté de faire la description, que nous nous garderons bien de refaire après eux. Aussi bien aujourd'hui la photographie remplit avec exactitude le même but.

Il est cependant certains détails importants de l'intérieur même du monument que la photographie ne saurait rendre. Ainsi, la crypte dont est assortie notre église, et que l'on pouvait admirer il y a quelque trente ans encore avec les peintures murales dont elle est ornée, notamment une merveilleuse reproduction de la Cène, la crypte est inabordable, l'entrée de son escalier est condamnée par les ruines de l'église. Le souterrain mystérieux était sous la chapelle de la Vierge, depuis plus de trente ans interdite aux fidèles, ainsi que l'ancienne et magnifique sacristie, formant une grande partie de l'aile droite à la suite du bras droit de la croix de Saint-André. Je ne sais s'il y a beaucoup d'églises dans le diocèse, y compris celles même d'Angoulême, qui soient assorties de cryptes ; ce que je sais bien, c'est qu'il n'en est aucune qui puisse offrir à l'admiration des connaisseurs d'aussi curieuses peintures que la nôtre, et qui sont destinées pourtant à dépérir en pure perte et pour le culte et pour l'art. Si je vous parle de cette crypte, Messieurs, c'est moins pour prendre acte de l'antiquité du monument que pour attester sa complète uniformité avec les traditions les plus respectables des premiers chrétiens qui, soit pour célébrer leurs mystères, soit pour honorer leurs martyrs, soit enfin pour donner la sépulture à leurs morts, se retiraient avec un redoublement de componction religieuse dans ces lieux. Les cryptes étaient même assez rares à Rome, aussi ne cite-t-on seulement que celle de Saint-André et de Sainte-Pétronille, et dans les environs de Rome que celles de Saint-Paul et de Saint-Laurent.

Ce qui ne démontre pas moins la rare assimilation du monument avec les plus parfaits modèles de l'antiquité, c'est le pendant architectural de la crypte, l'*ossuaire* ou *charnier*, sorte de galerie voûtée, étroite, obscure et profonde à l'entrée du monument, à droite du portique intérieur. Cette retraite réservée aux restes desséchés de nos semblables, c'est le cachet évident, par sa rareté dans les autres églises, de la piété particulière de l'ancienne population du pays envers ses morts, piété qui dénote au plus haut degré, en effet, l'élévation de l'esprit et du cœur, car ce sont les peuples les mieux doués, à ce double point de vue, qui témoignent le plus de ce sentiment exquis. Les peuplades sauvages elles-mêmes conservent les ossements de leurs morts dans des lieux appelés *Moraï*; mais c'est en Suisse surtout que ces amas d'os sont vénérés, puisqu'on y pousse la précaution jusqu'à étiqueter l'ossature ou l'ensemble de tel ou tel ancêtre afin d'en recomposer l'état réduit d'un squelette.

C'est d'ailleurs lorsque les inhumations se faisaient autour des églises, dans les cimetières qui leur étaient adossés, que les ossements qu'on y déterrait en faisant les fosses se déposaient dans des abris spéciaux, des hangars ; et il faut bien le dire, ces abris étaient rares, et l'on cite peu d'exemples d'ossuaires parfaitement abrités comme le nôtre. Celui des Saints-Innocents à Paris était sur l'emplacement actuel des Halles centrales. Il fut longtemps vacant et sans clôture; c'est Philippe-Auguste qui le fit environner de hautes murailles pour garantir ce lieu des infamies qui s'y commettaient jour et nuit, car c'était le rendez-vous des prostituées et de tous les mauvais garnements de la capitale, y compris les truands de la Cour-des-Miracles, qui n'en était pas bien loin. La chronique ajoute qu'on y voyait entre autres curiosités la tombe de l'historien Mézeray, mort en 1683, et la tombe d'une dame Yolande Bailly, avec cette singulière épitaphe :

CI-GÎT YOLANDE BAILLY
QUI TRESPASSA L'AN 1524, LE 88e
DE SON AGE, LE 4e DE SON VEUVAGE
LAQUELLE A VU OU PU VOIR DEVANT
SON TRESLAS DEUX CENT QUATRE-VINGT-QUINZE
ENFANTS ISSUS D'ELLE !

Convenons en passant, Messieurs, que la fécondité de nos mères a singulièrement baissé depuis la veuve peu reposée, la Parisienne ultra-prolétaire du XVIe siècle, aïeule incomparablement émérite de la fantastique et grotesque mère de famille actuelle de nos théâtres forains ! Elle méritait bien les honneurs spéciaux du charnier des Innocents.

Bref, l'ossuaire des Saints-Innocents a donc fait place aux Halles centrales, et par un singulier effet des contradictoires évolutions de l'humanité, c'est à l'endroit où Paris allait jadis trouver ses morts qu'il va puiser aujourd'hui la vie, et sa vie quotidienne ! Les os que renfermait ce lieu ont été précieusement transportés aux Catacombes et rangés avec une symétrie dont le tableau n'est pas une des moindres curiosités de la capitale. Plût à Dieu que l'ossuaire de notre église, exposé aux regards des fidèles et des visiteurs, fût au moins par une clôture quelconque protégé contre les indiscrètes investigations de l'enfance et les écarts trop communs du sens moral religieux des hommes, car ces ossements, répandus pêle-mêle à la surface du lieu, affectent les yeux les moins clair-voyants ! Il n'est personne qui, frappé de ce spectacle à son entrée dans l'église, ne s'étonne, ne s'effraie ou ne s'afflige du désordre dans lequel l'autorité ancienne et nouvelle a jusque-là laissé les choses ; et à moins qu'elle n'ait eu la pieuse intention d'impressionner ses administrés en vue de les amener à la conviction permanente que l'homme n'est que poussière, il faut convenir qu'elle aurait due fermer depuis longtemps déjà cette ouverture béante de la mort, dût-elle, pour l'acquit de sa conscience et de ses édifiantes intentions, inscrire en lettres majuscules sur sa clôture la terrible sentence évangélique solennisée par l'Église catholique le jour des Cendres.

Ce qui fait le mérite supérieur de notre monument, c'est la réunion dans un seul et même corps de vaisseau des deux ordres bien tranchés de l'architecture chrétienne : l'architecture romane et l'architecture gothique, cette dernière à la suite de l'autre, et dont l'axe, n'étant pas le même que l'axe de la première, atteste que c'est l'exemple de la position penchée du Christ sur la croix que les au-teurs de la partie gothique, faite quelque temps après l'autre, ont voulu suivre ; et c'est en effet ainsi qu'avaient eux-mêmes procédé les auteurs de la partie romane en imitant la croix dans l'établis-sement primitif de la croix de Saint-André, car c'est, on le sait, la forme de la croix qui a servi de type à l'architecture chrétienne, témoin les basiliques de Saint-Pierre de Rome, que Constantin fit élever à grands frais en mémoire de l'apparition merveilleuse qui fut le signe de sa victoire sur Maxence. Il en fut de même de l'érec-tion de Sainte-Sophie, lorsque l'Empire fut transporté à Constanti-nople. La croix, toujours la croix comme symbole, comme principe et comme fin de la construction des premiers et des plus beaux monuments chrétiens.

Ce qu'il y a de saisissant dans l'ensemble de notre monument, c'est le rapprochement intime, contigu des deux nefs, l'une en voûte semi-circulaire, l'autre en voûte droite ou surbaissée, sillonnée de nervures effilées d'une rare élégance. Toutes deux, d'une élévation superbe, sont séparées par la coupole du clocher qui, posée entre les deux bras également voûtés jadis de la croix latine et les dominant d'une hauteur immense, est l'œuvre d'art la plus hardie et la plus parfaite qu'on puisse imaginer. On dirait un suprême effort de l'homme pour s'élancer vers le ciel. Et lorsque dans ce magnifique vaisseau d'architecture romano-gothique, autrefois en bon état, les fidèles, pendant la célébration des offices, étaient réunis sous ces deux nefs et la coupole, il était impossible que, saisies par le caractère de la majesté du lieu respirant de partout la communication de la pensée humaine avec la pensée divine, leurs âmes, élancées de ce marchepied vers Dieu, ne s'associassent pas aux actes mystérieux du prêtre en priant avec lui.

Et c'est là ce qui fait l'énorme différence entre l'architecture du temple grec et celle de l'église chrétienne. Celle des Grecs est admirable sans doute ; c'est le génie de l'art à son dernier degré d'élévation, mais c'est l'art en lui-même et pour lui-même, et sans autre portée morale que l'effet pur et simple d'une perfection ma-térielle. Mais dans l'architecture chrétienne, il y a plus que le génie de l'art lui-même, il y a le génie du christianisme qui l'inspire, l'anime et la vivifie de son souffle et de ses instincts supérieurs. Le temple grec parle à l'esprit, le temple chrétien parle au cœur ; le premier nous confond d'admiration, l'autre nous transporte d'a-doration et de piété en élevant toutes les facultés de nos âmes vers le ciel. L'architecture chrétienne ne doit rien de ses perfections qu'à elle-même, qu'à elle seule. Surgie du moyen âge et toute d'une pièce, n'ayant rien emprunté aux autres, sans modèles, sans précé-dents, elle jaillit d'elle-même et de ces siècles incultes et de bar-barie avec un caractère de grandeur inconnue à tous les cultes du monde. Elle n'a, elle, ni ses Phidias, ni ses Ictinus à présenter à la postérité ; c'est une bien autre puissance qui la pousse, puis-sance magique, irrésistible : une foi vive, profonde, universelle ; puissance que les artistes appellent entre eux *le feu sacré*, sans qu'elle ait jamais eu chez eux le degré d'intensité sacrée qu'elle eut véritablement en ces temps-là. Aussi les Grecs pouvaient-ils aisément compter leurs monuments parfaits, tandis que les chrétiens ont cou-vert l'Occident de plus de monuments accomplis que toute l'antiquité grecque n'a laissé de ruines dans tout l'Orient. Malheureusement aujourd'hui les monuments comme l'église de Saint-Amant-de-Boixe deviennent rares, et l'on pourrait aisément les nombrer en Occident.

Ce n'est pas par les impressions seules de l'intérieur de notre église que l'art agissait ainsi sur les âmes, elle les préparait au recueillement par l'aspect de son extérieur imposant de gravité. Il y a quelques années encore et avant que la place de l'ancien cime-tière adossée à la partie nord de l'église ne fût livrée vacante aux

récréations de l'école primaire, trop voisine, on admirait les plus
gracieuses sculptures en figurines d'une certaine hauteur et une
chasse au cerf se développant sur le mur extérieur, œuvres d'art aujourd'hui comme auparavant abandonnées aux lapidations cruelles
des écoliers — *cet âge est sans pitié* — et aux coups de fronde
atteignant jusqu'aux sujets religieux et grotesques que l'imagination
plus ou moins chimérique des artistes avait projetés sur les frises
du monument et jusqu'aux rosaces enguirlandées du portique.

Il faut, Messieurs, que la foi ait en effet été bien vive en ces
temps-là pour qu'elle ait enfanté tant de prodiges de travail. Comment a-t-on pu, lorsque la pierre d'échantillon composant ces
maçonneries colossales n'offre rien d'analogue au grain de la pierre
du pays, si ce n'est à de lointaines distances, comment a-t-on pu,
sans chemins et dans l'enfance appauvrie des moyens de transport
et de l'industrie mécanique, faire arriver à pied d'œuvre tous ces
matériaux ? Et ces artistes d'un si rare mérite en peinture, en sculpture, d'où sortaient-ils donc, et quels sacrifices n'a-t-on pas dû
faire pour les amener en ces lieux, de toutes parts couverts de
forêts et de bois, puisque c'est de là que le saint patron de l'église
a tiré son nom *Buxia*, Boixe, bois !

C'est qu'en ces temps-là et même auparavant se trouvait sur
place un vaste couvent de Bénédictins, dont la construction romane
aussi, en plein ceintre, atteste par ses ruines actuelles l'antique
importance : on voit encore sur la partie extérieure droite de l'église
romane les vestiges d'une voûte qui rattachait au couvent l'église,
comme sa propre chose elle-même. Les restes de ce couvent, dans
leur état de ruines et devenus propriété particulière indéfiniment
divisée, ne sont pas une des moindres curiosités archéologiques du
lieu, ne fût-ce que la cave monumentale du couvent, où l'on pouvait
aisément ranger plus de trois mille hectolitres de vin, soit dans la
cave elle-même, soit en un caveau non moins remarquable que la
cave sous laquelle il est creusé et voûté en mêmes et semblables
matériaux que ceux de l'église. Il fallait donc que ce couvent fit de
grands approvisionnements de vin pour qu'il lui fallût de si vastes
caveaux pour les loger. Il est vrai de dire, sans allusion, qu'il y
avait en son voisinage, au Maine-de-Boixe, une commanderie de
Templiers que nos bénédictins devaient traiter en bons voisins ou en
bons frères en religion et en autres choses, et la légende locale
ajoute qu'il y avait en ce même lieu de Boixe une fabrique immé-

moriale de pâtisserie primitive, fondée par un moine lombard du nom de *Carquelini*, pâtisserie dont les propriétés siccatives poussaient énergiquement à la consommation du vin du crû, jouissant déjà d'un certain renom qui depuis s'est largement confirmé.

Tout porte donc à croire que c'est au couvent préexistant que l'église doit son élévation. Les religieux du couvent l'ont entreprise et achevée en vrais bénédictins qu'ils étaient et qu'ils ont travaillé. Vers cette époque, voisine ou contemporaine des *Croisades*, on vit, dit l'histoire, un zèle architectural s'emparer de presque tous les esprits ; il y eut comme un mouvement extraordinaire, un courant nervoso-fébrile qui se fit jour dans toutes les idées et qui transporta les âmes d'un besoin d'expiation publique qu'on crut satisfaire par des fondations religieuses ; et dans son livre Micheau raconte qu'on vit de par le monde des compagnies considérables de maçons faisant vœu de bâtir des églises, espèce de pèlerins ou de moines parcourant le pays une truelle à la main, et qui, faisant halte dans les couvents, se joignaient aux religieux des localités pour les aider dans ces entreprises. C'étaient comme d'autres *croisés*, moins guerriers mais aussi convaincus que les autres ; et l'on vit des religieux de tous ordres, tant profès, convers, que frères lais et serviteurs, au nombre de quatre cents, comme aux dunes, se distribuer partout les diverses professions, ceux-ci se vouant à la peinture, ceux-là s'appliquant à la sculpture, d'autres à la charpenterie, d'autres encore à la serrurerie. Il y en avait enfin pour tous les travaux dépendant de l'architecture.

Convenons, Messieurs, que les preuves de la foi de nos pères inscrites ainsi dans de tels monuments sont éminemment dignes de notre conservation et de nos respects. La grandeur d'un peuple se peint dans la grandeur de ses monuments. Voyez la Grèce et Rome. La décadence de ces deux puissantes nations ne date-t-elle pas de leur indifférence pour le soin conservateur des œuvres d'art de leurs ancêtres ? Et quand une fois un monument est entamé par les ruines, il va bien vite à la décrépitude. Voyez ce qui arrive pour le plus splendide et le plus rare chef-d'œuvre architectural de l'univers, le *Parthénon*. Cet édifice de marbre, qui était bâti de façon à pouvoir traverser autant de siècles que les pyramides d'Égypte, le *Parthénon*, d'après les photographies envoyées d'Athènes par M. Émile Burnouf, tombe de jour en jour dans un état irrémédiable de dégradation. Il n'y a pas encore deux siècles qu'il était intact ; les Turcs l'avaient respecté; mais du jour où un officier allemand au service de la sainte-ligue vénitienne, en 1683, eut le triste courage, pour déloger une centaine de Turcs réfugiés dans le monument et qui n'auraient pas mieux demandé que d'en sortir bas les armes et sans conditions, eut, disons-nous, le triste courage de tirer sur cette merveille le premier coup de canon, ce noble trait de gloire allemande décida de la ruine de l'édifice, car il renversa les murs du sanctuaire jusqu'à celui de la salle de l'Epistodome, les trois quarts de la frise de Phidias, toutes les colonnes du Pronaon, huit autres colonnes du péristyle nord et six du péristyle sud, en tout vingt et une colonnes de trente pieds de haut, composées chacune de onze tambours de marbre, et un mur de cent cinquante pieds de long sur quarante de haut, dont les blocs de marbre avaient trois pieds d'épaisseur et six de longueur.

Et pourtant les troupes vénitiennes étaient maitresses d'Athènes. Il ne fallait qu'un peu de patience pour voir sortir de leur refuge les quelques soldats turcs qui s'étaient précipités éperdus dans le monument et s'y croyaient, avec raison, abrités des coups de canon par la respectabilité véritablement sacrée pour tous, excepté pour un Allemand, du chef-d'œuvre le plus parfait de tous les chefs d'œuvre parfaits du monde ancien et moderne.

Ce fut, n'est-ce pas, Messieurs? un joli coup d'artillerie que celui-là, et le canon Krüpp n'eût certes pas mieux fait.

La date de ce glorieux fait d'armes est restée célèbre dans les fastes de l'archéologie : ce fut le 25 septembre 1687.

La Grèce ne fit rien pendant son esclavage, et pour cause, en faveur du *Parthénon*, et les ruines si bien commencées s'élargirent sous le règne de la royauté bavaroise, qui fit pis encore que ces ruines, car on ne fit que dilapider les monuments de l'Acropole, et ce pillage enrichit les musées que le roi Louis faisait construire à Munich, alors qu'auparavant lord Elgin avait lui-même, avec un cynisme révoltant, enlevé les frises du *Parthénon* et les avait fait transporter à Londres.

Un savant auteur moderne qui donne ces détails a remarqué que les archéologues et les philologues bavarois se plongèrent dans une ivresse de philhellénisme qui alla jusqu'au délire, mais nul ne songea à protéger les monuments d'Athènes, sinon la France, qui fit par notre école tous ses efforts pour assurer contre les ruines et le pillage la protection de la force publique.

« Je me souviens moi-même, ajoute le même auteur, de quelle stupeur je fus saisi quand, à ma première visite à l'Acropole, je vis une nuée de *gamins* d'Athènes, génération couvée sous la gendarmerie bavaroise, abattre à coups de pierres quelques éclats des chapiteaux du *Parthénon* pour me les offrir à des prix effrontés. Un de mes compagnons qui voulut mettre le holà dut s'estimer fort heureux de n'être pas lapidé lui-même. Les pauvres colonnes mutilées étaient alors couvertes d'écorniflures innombrables, et je ne sais si leur état a empiré depuis, mais on pouvait déjà assurer que tout espoir de les restaurer était complétement perdu. »

Enfin Châteaubriant, dans son Itinéraire de Paris à Jérusalem, s'exprime ainsi : « Il est triste de remarquer que les peuples civilisés de l'Europe ont fait plus de mal aux monuments d'Athènes dans l'espace de cent cinquante ans que tous les barbares ensemble dans une suite de siècles. Il est dur de penser qu'Alaric et Mahomet II avaient respecté le *Parthénon*, et qu'il a été renversé par Morascinde, chef de la sainte-ligue vénitienne, et lord Elgin. »

M. de Châteaubriant n'avait pas les mêmes raisons que nous avons de mettre en relief le glorieux et suprême exploit de l'artilleur allemand, bien autrement célèbre en vandalisme que tous les barbares, les Bavarois, lord Elgin et les gamins d'Athènes réunis.

Il n'est donc que trop vrai, Messieurs, que lorsqu'un monument est entamé par les désastres de l'homme et du temps combinés, rien ne le précipite plus vite au néant que les écornifleurs inconscients de l'école primaire en récréation. C'est un des plus tristes points de conformité de notre église avec le monument grec, et il y a de quoi gémir quand on pense que, loin d'éloigner l'*école primaire* de l'église, quelques influences locales voudraient l'en rapprocher davantage, sans égard pour le vœu des majorités communales sensées, et au mépris du chemin de ronde ou du large tour d'échelle réclamé par les besoins urgents et le droit imprescriptible du monument. Faire de la place déjà insuffisante de l'église, qui sert aussi de place publique indispensable au prétoire et à l'hôtel de ville, le terrain d'une école primaire et le préau ravageur des disciples irresponsables de l'école, est une idée trop singulière pour ne pas émouvoir l'attention des autorités supérieures et des amis des arts. Ne dirait-on pas, en vérité, que l'église de Saint-Amant est admirée de tous, excepté de quelques-uns de ceux qui, la voyant tous les jours, ne la regardent même pas, lorsqu'ils devraient s'enorgueillir et s'occuper de sa précieuse conservation ! L'histoire des *gamins* d'Athènes et du *Parthénon* n'est-elle pas un avertissement, voire même une leçon déjà trop rude à notre église?

N'est-ce pas aussi de la même façon qu'a été précipitée la disparition totale de l'église monumentale de La Couronne? Les ruines une fois commencées, on en a insensiblement ajourné d'année en année la réparation. Il n'y a pas encore soixante ans que nous admirions la plus grande partie de ce monument encore debout avec une innombrable quantité de colonnades légères et simples qui, partant de terre comme des flèches, montaient au ciel, laissant courir entre elles la lumière, agrandissant l'espace et frappant l'imagination par la ténuité et la quasi-transparence de leurs formes. Les nefs de l'édifice résistaient encore et l'ensemble enfin du monument aurait pu facilement se restaurer par quelque centaine de mille francs. Qu'est-il donc devenu de nos jours? Encore quelques années et l'on cherchera la place qu'il occupait sur le sol. L'indifférence et l'abandon du côté du pouvoir, dont les préoccupations se dirigeaient vers d'autres buts, et le courant industriel des idées du côté des populations, ont involontairement effacé jusqu'aux vestiges de ces restes précieux, éparpillés dans les fondations ou l'embellissement de plus d'une usine ou d'une villa des environs, et comme le *Parthénon*, l'ancienne église de l'abbaye de La Couronne aura pu compter ses lords Elgin français, ses conservateurs bavarois et ses *gamins* d'Athènes.

Que cette mémorable église ait été classée monument historique de son vivant, qu'eût-elle gagné à cette promotion nominale? Rien, absolument rien. C'est même une assez triste et négative recommandation pour un monument que son classement comme historique et œuvre d'art. On croit généralement qu'avec un tel passeport pour arriver au budget de l'État on n'a qu'à faire un signe pour obtenir une subvention convenable, sollicitée par l'urgence des réparations. Pas le moins du monde : on a bien le titre, mais on n'a pas la chose; les apparences, mais non la réalité. C'est un titre honorifique; mais un monument ne se soutient pas avec un parchemin, et nous avons le droit de dire que ce titre-là nous paraît être comme un brevet de délaissement et de languissante dégradation. Que peuvent les budgets communal et départemental en présence de si fortes dépenses, *cent* ou *cent cinquante mille francs?* L'État seul peut et doit utilement intervenir ; mais assiégé qu'il est de toutes parts par des influences locales, il est trop souvent traversé, enrayé, paralysé, dans ses bonnes intentions, et comme en matière d'église les évêchés ont naturellement voix au chapitre, il en résulte que les cathédrales, où nosseigneurs les évêques officient journellement, sont en grande prédilection. *Cathédrale* est synonyme d'*église épiscopale*. Voyez la cathédrale d'Angoulême. Que de ressources n'absorbe-t-elle pas depuis longues années ? Sans doute ce monument est remarquable; mais enfin, loin de menacer ruine, ne suffisait-il pas aux exigences du culte, et du culte exercé avec un incontestable éclat, et nous pourrions dire avec *luxe*, avant les incessantes réparations et additions qu'on y a faites, au grand honneur du talent, sinon de la bienveillante équité de l'architecte diocésain, que nous fatiguons depuis plus de vingt ans de nos vaines doléances ? De l'éternel festin budgétaire dont se repaît l'insatiable cathédrale d'Angoulême ne laissera-t-on donc pas tomber une miette pour les ruines affamées de notre pauvre église? On ne voit donc pas de quel triste exemple de charité ou d'égalité chrétienne on frappe les esprits par cette sorte d'affectation de ne donner qu'aux riches à la face même des indigents !

Nous avons un jour recueilli cette parole indulgente tombée d'une bouche épiscopale qui n'est plus : *Après la cathédrale d'Angoulême, nous nous occuperons de Saint-Amant-de-Boixe.* Mais à quand donc alors notre tour, puisque la cathédrale de Saint-Pierre est lancée dans les voies de luxe et non d'une simple réparation? A-t-on bien pensé au mal produit, au point de vue religieux, par la comparaison du luxe des églises urbaines avec les misères des monuments ruraux, que l'on ensevelit dans le drap mortuaire d'un classement dérisoire, aux risques d'un effondrement sur les paroissiens? Nous n'avons pas à discuter ici le mérite respectif de la cathédrale d'Angoulême et de l'église de Saint-Amant ; à d'autres plus versés que nous en ces études spéciales le soin d'en décider. Mais ce n'est pas d'une question d'art plus ou moins douteuse qu'il s'agit ici, c'est d'une question de vie ou de mort pour notre monument en détresse, monument admiré de tous et dont le département tout entier est justement fier.

Attendra-t-on qu'il soit comme l'église de La Couronne complètement abattu pour pleurer sur lui des larmes d'un ineffable regret et d'un repentir sanglant, comme sur le récent effondrement de l'église également classée de Lesterps, qui doit avoir aujourd'hui ses

Jérémies inconsolables ? Car c'est encore une lamentable histoire que celle de cette ravissante église monumentale de Lesterps qui vient de s'effondrer dans le vide, mais qui, quelques minutes avant la catastrophe, se serait écroulée sur la tête des fidèles qui n'en étaient que sortis, échappant comme par miracle au plus terrible écrasement. Eh bien ! pendant près de vingt ans, la commune avait liardé sur son budget chaque année de petites sommes dont le chiffre s'élevait enfin à 18,000 fr. ; elle avait vivement intéressé le conseil général à ses espérances de subvention, elle en avait obtenu un concours de 800 fr. et une pressante recommandation de ses droits auprès du Trésor, et c'est peut-être au moment où elle allait enfin, envers et contre tous, recueillir le fruit de ses longs et pénibles sacrifices, que, grâce encore et toujours aux éternelles lenteurs des décisions supérieures emmaillotées d'interminables formalités, les précieuses ruines, s'affaissant sur elles-mêmes, ont protesté contre les trop sérieuses dérisions du classement. — *Il est trop tard*, ont-elles dit. Mot historique profond et qui, malgré ses trop fréquents et lugubres avertissements, n'en est pas moins toujours d'une philosophique et vaine application à toutes les caducités physiques et morales de ce monde. Et nous avons lu ces jours-ci, dans les journaux du département, que l'État venait d'allouer un crédit de *cinq mille francs* pour aider à la reconstruction de l'église de Lesterps. C'est une résolution de rare charité, sans doute, mais d'un opportunisme plus rare encore.

Messieurs, c'est en présence de nos richesses artistiques angoumoisines trop longtemps méconnues ou négligées et pour en assurer et en faire au besoin ressortir le mérite auprès de qui de droit que votre société fut fondée. Noble, féconde et patriotique pensée de conservation et de progrès intellectuel, dont le plus ardent promoteur fut Eusèbe Castaigne, de savante et poétique mémoire. C'est donc à vous que je m'adresse pour obtenir justice envers un monument qu'il valait mieux ne pas classer que de le classer pour le condamner dérisoirement à la plus déplorable dégradation, la dégradation de l'insouciance et de l'oubli !

Simple édifice du culte en mauvais état, il eût eu, comme les autres, sa part au budget départemental à de certaines périodes de dégradation et d'insuffisance aux exercices du culte ; mais monument historique classé, il a son protecteur-né et son restaurateur obligé dans l'État, et l'architecte diocésain de Paris est son tuteur. Que peut-il rêver de mieux ?

On nous répète sans cesse en hauts lieux administratifs que si la commune de Saint-Amant se décidait enfin à s'exécuter de cinq ou six mille francs sur son budget, on lui ferait obtenir un à-compte de quarante à quarante-cinq mille francs sur le budget de l'État, en attendant mieux. Nous sommes convaincu que, malgré toutes ses charges, le conseil municipal de Saint-Amant-de-Boixe n'hésiterait pas à voter ces fonds. Mais une fois votés et réalisés, comme on a fait à Lesterps, ces fonds n'attendront-ils pas la subvention, comme s'est trop fait attendre celle venue trop tard pour cette dernière église, et ne sentira-t-on pas enfin la portée de la double leçon des ruines de l'abbaye de La Couronne et de l'effondrement de l'église de Lesterps ?

Les vastes proportions de notre église lui assignent dans l'ordre des monuments destinés au culte chrétien une incontestable importance. Elle n'a pas le titre de cathédrale ou d'église épiscopale, mais elle en a les dimensions et la valeur artistique ; d'où il faut conclure que si elle n'était pas en réalité *cathédrale*, elle devait être tout au moins le centre d'un certain nombre d'églises circonvoisines ou régionales dont elle était comme la métropole, ainsi qu'elle l'est encore de nos jours dans les solennités agricoles et autres du canton.

Comment donc ce monument ne serait-il pas cher à l'âme patriotique du conseil municipal de Saint-Amant ? Quel immense intérêt n'a-t-on pas à la possession d'un monument qui ne résume pas seulement dans sa longue histoire les faits émouvants du passé mais encore les plus pieux souvenirs de nos ancêtres ! La vue seule de son clocher superbe ne fait-elle pas toujours battre le cœur de nos absents à leur retour au pays ?

Combien à d'autres titres encore le monument ne nous est-il pas cher ! Tous les beaux-arts se tiennent et les Muses sont sœurs. Les beaux-arts sont issus du talent, servi souvent par l'imitation ; il n'est donc pas douteux pour nous que notre monument, par toutes les distinctions architecturales dont il est encore assorti, n'ait contribué puissamment au développement des aptitudes artistiques distinguées de la jeune population qui l'entoure, et qui lui rend hommage dans toutes les occasions solennelles par l'accord sympathique et modulé de ses vibrantes harmonies.

Il nous a paru qu'il était plus que temps pour vous, Messieurs, d'intervenir en faveur d'un monument dont nous aurons été sans doute impuissant à vous faire apprécier exactement la valeur, mais que nous vous supplions de venir visiter, afin d'en rendre un compte fidèle au ministre des beaux-arts. C'est à quoi nous avons l'honneur de conclure, convaincu que nous sommes qu'en invoquant le concours de l'État, après nos cris d'alarme, la Société n'aura jamais mieux répondu que par cette initiative, qui n'est pas moins dans son droit que dans ses devoirs, au but fondamental de son institution, ni jamais mieux mérité du pays, ni mieux respecté surtout les saines et libérales traditions de son histoire.

Ce que nous demandons encore à la Société, c'est qu'elle exprime d'urgence à l'administration préfectorale qu'il y a nécessité criante de supprimer la cause la plus active des dégradations du monument dans le voisinage trop rapproché de l'école primaire communale, et qu'on ménage aux visiteurs des sculptures extérieures de l'église un large et facile accès dans le maintien du chemin de ronde et de la place actuelle, qui suffit à peine à faire ressortir les magnifiques proportions de ce monument au nord, un peu masqué qu'il est déjà par la mairie et le prétoire au couchant.

M. le Président de la Société, après avoir adressé des félicitations à M. Bouniceau-Gesmon sur le discours qu'il vient de prononcer, déclare que l'assemblée tout entière ne peut que s'associer aux vœux qu'il a exprimés en faveur de l'église de Saint-Amant, que la Société archéologique et historique de la Charente tient pour l'un des plus précieux et des plus rares monuments du département. M. le Président déclare, au nom de la Société, qu'il y a la plus grande urgence à provoquer la réparation de cette église.

La Société décide encore que son bureau fera une démarche collective auprès de l'administration préfectorale pour qu'on éloigne le plus possible de l'église l'école primaire, et que l'on maintienne dans toute son intégralité la place publique qui, tout insuffisante qu'elle est déjà à faire amplement ressortir la partie nord du monument, est aussi la place indispensable du prétoire et de la mairie, qui masquent un peu l'édifice au couchant.

FIN.

www.ingramcontent.com/pod-product-compliance
Lightning Source LLC
Chambersburg PA
CBHW061801040426
42447CB00011B/2418